学校では教えてくれない大切なこと ⑮

# 数字に強くなる

マンガ・イラスト 関 和之（WADE）

旺文社

## はじめに

テストで100点を取ったらうれしいですね。先生も家族もほめてくれます。

でも、世の中のできごとは学校でのテストとは違って、正解が1つではなかったり、何が正解なのかが決められないことが多いのです。

「私はプレゼントには花が良いと思う」「ぼくは本が良いと思う」。どちらが正解ですか。どちらも正解。そして、どちらも不正解という場合もありますね。

山登りで仲間がケガをして動けない。こんなときは「動ける自分が方位磁石にしたがって下りてみる」「自分もこのまま動かずに救助を待つ」。どちらが正解でしょう。状況によって正解は変わります。命に関わることですから慎重に判断しなくてはなりません。

このように、100点にもなり0点にもなりえる問題が日々あふれているの

2

が世の中です。そこで自信をもって生きていくには、自分でとことん考え、そのときの自分にとっての正解が何かを判断していく力が必要になります。

本シリーズでは、自分のことや相手のことを知る大切さと、世の中のさまざまな仕組みがマンガで楽しく描かれています。読み終わったときには「考えるって楽しい！」「わかるってうれしい！」と思えるようになっているでしょう。

本書のテーマは「数字に強くなる」です。「数字」と聞いて最初に思いつくのは、みなさんにとっては算数かもしれませんね。でも、算数が得意なことと数字に強いこととはちがうのです。「数字に強くなる」ということは、身のまわりのさまざまな数字を、いろいろな見方で考えることができるということです。また、数字に強くなれば、数字をうまく使えるようになり、自分の考えなどを人にきちんと伝えることができるようになります。この本を読めば、このような力が身につくはずです。

旺文社

# もくじ

はじめに……2
この本に登場する仲間たち……6
プロローグ……8

## 1章 数字って何？
数字って大切？……14
数字には種類がある……18
昔の数の数え方……22
いろいろな昔の数字……23

## 2章 いろいろな見方ができる数字
同じ量で比べてみよう……26
「6つ目から半額」って、6つも必要？……30
ケーキを人数分に切り分けるには？……34
「10秒に1本売れている」って、どのくらい？……36
No.1って本当にすごい？……40
分数のわり算ってどういうこと？……44
ポイント還元と割引、どうちがうの？……46
当たりがよく出る店って？……50
ごろ合わせになっている記念日……54
平均のカラクリ……56
大きな数字をつかめるようになろう……60
大きな数……64
小さな数……66
多数決って、それでOK？……68
数字マジック❶ 誕生日を当てる……74

## 3章 感じ方がちがう数字
同じ150円なのに…？……78

## 4章 数字を使ってみよう

数字を使ってきちんと伝えよう……120
数字が出てくる四字熟語❷……118
数字が出てくる四字熟語❶……116
数字の大きさにまどわされないように……112
高いものといっしょだと安く思える……108
数字マジック❷ 好きな数字を当てる……106
高いと感じる？ 安いと感じる？……102
98円などはんぱな値段が多いのはなぜ？……98
野球に出てくる数字……96
リーグ戦とトーナメント戦の試合数……94
グラフにだまされないように……88
数字が出てくることわざ……86
500円もある！ 500円しかない…‥82

エピローグ……142
たくさんの人出はどうやって数えているの？……140
数を推定してみよう……136
ものさしがなくても長さは測れる……134
目標を数字で表そう……130
美しく見える黄金比……128
数字は表やグラフにまとめよう……124

### スタッフ
- 編集
  高杉健太郎
- 編集協力
  栗山朋子
  （株式会社スリーシーズン）
- 装丁・本文デザイン
  木下春圭　菅野祥恵
  （株式会社ウエイド）
- 装丁・本文イラスト
  関 和之（株式会社ウエイド）
- 校正
  株式会社ぷれす

# この本に登場

## 数字の神様（ひげ）

- それぞれ考え方のちがう5つ子が数字に強くなれるよう，いろいろなアドバイスをする。
- 自分が数字の神様であることは秘密。5つ子に会うときはひげに変身する。

## カモ様と子ガモたち

- 数字の神様といっしょに暮らしているカモとその子どもたち。
- 神様といっしょに，数字について5つ子にアドバイスをする。

## 5つ子の友だち

### ナナミ（七海）

- 5つ子のクラスメートの女の子。
- かわいいが，怒るとこわい。

### ヨウジ（八次）

- 5つ子のクラスメートの男の子。
- 楽天的な性格で，いつも基本にこにこしている。

難波家には、

顔がそっくり、性格はばらばらな5つ子がおります。

 一郎
まじめで責任感が強く、勉強もなかなかの優等生。

 二之
つい後ろ向きに考えちゃうネガティブ人間。

 三平
家でも学校でも明るく陽気なムードメーカー。

 健四郎
計算高く、お金と自分が大好きな腹黒男子。

 大五
マイペースだけど、感性豊かで独特の発想をする子。

# 1章
# 数字って何?

# 身のまわりにある数字

身のまわりの数字にはそれぞれにちゃんと意味があるんじゃよ。もし数字がなかったら大変じゃ。

## 数字の種類

数字は０１２３４５６７８９の組み合わせじゃ。
大きく３つの種類に分けることができるぞ。

数字は算数をつい思い出しちゃうな。

おれはお金を思い出してしまうな…

● 算数に使う数字

● 連絡先などを表す数字

出席番号もこの仲間だね…。

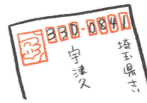

電話番号　　　郵便番号

● 単位のついている数字

注目したいのは単位のついている数字じゃぞ。

牛乳 1000mL　　猫 1匹　　マンガ 5冊

1章 数字って何？

# 昔の数の数え方

## ●指など体の一部を使って数えていた

## ●小石の数で数えていた

# いろいろな昔の数字

家畜や穀物などの数を記録するために，数字が生まれたらしいですよ～。

地域によってちがう数字が使われていたんだー。

## 古代エジプトの数字（約5000年前）

| | | | | | | |
|---|---|---|---|---|---|---|
| 1 | 2 | 3 | 4 | 5 | 6 | 7 |
| 8 | 9 | 10 | 100 | 1000 | | |

1～9は棒，10は家畜の足かせ，100は縄，1000ははすの花をイメージしたものらしいですよ～。

## バビロニアの数字（約4000年前）

| | | | | | | |
|---|---|---|---|---|---|---|
| 1 | 2 | 3 | 4 | 5 | 6 | 7 |
| 8 | 9 | 10 | 100 | 1000 | | |

今のイラクの一部にあたる地域で使われた，くさび形文字で表した数字ですよ～。

## 古代ギリシャの数字（約2300年前）

| α | β | γ | δ | ε | ς | ζ |
|---|---|---|---|---|---|---|
| 1 | 2 | 3 | 4 | 5 | 6 | 7 |

| η | θ | ι | ρ | ,α |
|---|---|---|---|---|
| 8 | 9 | 10 | 100 | 1000 |

ギリシャ文字で表した数字ですよ～。

## 古代ローマの数字（約2300年前）

| I | II | III | IIII (IV) | V | VI | VII |
|---|---|---|---|---|---|---|
| 1 | 2 | 3 | 4 | 5 | 6 | 7 |

| VIII | VIIII (IX) | X | C | M |
|---|---|---|---|---|
| 8 | 9 | 10 | 100 | 1000 |

父ちゃんの時計で使われているやつだー。

## 昔の漢数字（約3000年前）

| 一 | 二 | 三 | 亖 | 㐅 | 八 | 十 |
|---|---|---|---|---|---|---|
| 1 | 2 | 3 | 4 | 5 | 6 | 7 |

| 八 | 九 | 丨 | 百 | 千 |
|---|---|---|---|---|
| 8 | 9 | 10 | 100 | 1000 |

今の日本の漢字とはちがうものもあったのね。

# 2章 いろいろな見方ができる数字

2章 いろいろな見方ができる数字

## 「6つ目は半額」ってどう考えればよい？

いちばん大事なことは、
「グローブは、6つも必要かどうか」じゃ！

| 5つ買うとき | 6つ買うとき |
|---|---|

6000円×5つ　　　　　6000円×5つ
＝30000円　　　　　＝30000円

　　　　　　　　　　3000円×1つ
　　　　　　　　　　＝3000円

**30000円**　　　　　**33000円**

　　　　　　　　　　　3000円の損

大五の考えが正しいのじゃ！

安いからといって、6つ買っても1つはいらなくなるじゃろ？

わーーい！

だよね！むだだもん。

### 今回のまとめ

お得かどうかを考える前に、まず「必要かどうか」を考えるのじゃ！

# ケーキを人数分に切り分けるには？

誕生日ケーキを同じ大きさに切り分ける難しさに直面する難波家の5つ子

5人で分けるので，360° ÷ 5 = **72°**　1人分

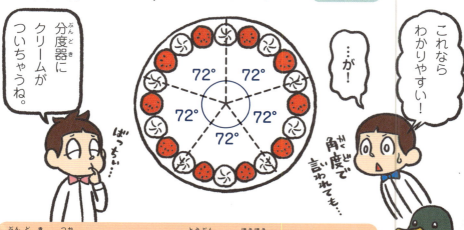

分度器にクリームがついちゃうね。

…が！

これならわかりやすい！

分度器を使わずに，きちんと5等分する方法がありますよ〜。

まず、リボン（ひも）でケーキをぐるりと囲み、まわりの長さを測りましょう。リボンはケーキにつかないようにね〜。

次にリボンの長さを5等分して、しるしをつけましょう。しるしのところで切れば、5等分になりますよ。

55cm ÷ 5
= **11cm**

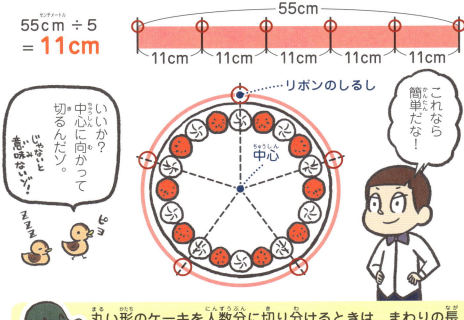

丸い形のケーキを人数分に切り分けるときは、まわりの長さから計算すれば同じ大きさにできますよ〜。

## まずは他の商品と比べてみよう

売れている本数を、他のシャンプーと比べてみるのじゃ。

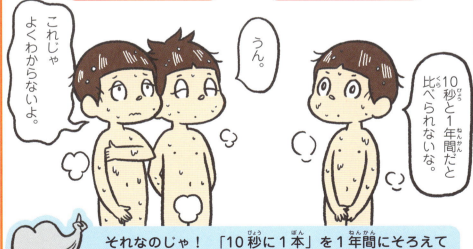

## 1年間にそろえて比べてみると…

### 「10秒に1本」は、1年間でどれだけ売れている？

❶ 1日を秒にしてみる
60秒 × 60分 × 24時間 = **86400秒** ← 1日の秒数

❷ 「10秒に1本売れている」ということから、1日当たりの売れている数を出す
86400秒 ÷ 10秒 = **8640本** ← 1日で8640本

❸ 1年間なら
8640本 × 365日 = **3153600本** ← 1年間で約315万本

1年間で3000万本

1年間で約315万本

○秒に1本という商品と、他の商品を比べると、他の商品のほうが売れていることも。

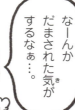
なーんかだまされた気がするなぁ…。

でも、うまい言い方だよね！

まあまあうそではないからのう。

他の商品が使っていない言葉で売っているのじゃ。

### 今回のまとめ

「10秒に1本売れている」というのは、商品が売れていることを買う人が実感しやすいようにした、よく考えられた言い方なのじゃ！

# No.1 って本当にすごい？

# いろんな No.1 がある！

見たお客さんの数がいちばん多い映画を No.1 とするとき、調べた期間によって次のような結果が出たとしよう。

| 順位 / 調べた期間 | No. 1 | No. 2 | No. 3 |
|---|---|---|---|
| 公開日 1日 | ウッホの白いゴリ | ビューティフルハンバーガー | ワイルドポテト |
| 週間 1週間 | ビューティフルハンバーガー | ウッホの白いゴリ | ワイルドポテト |
| 月間 1か月間 | ワイルドポテト | スペースラブ | ビューティフルハンバーガー |

「No.1」って言うと、お客さんが増えるんだろうな。

ホントだ！調べた期間でNo.1がちがってるんだね！

どうじゃ？どれもNo.1と言えるじゃろ？

### 今回のまとめ

「No.1」には、いろんな No.1 があるのじゃ。No.1 につられてとびつくことはないかもしれんのう。

※ 商品などに「No.1」を入れるときには、きちんとした調査にもとづいた根拠がないといけないという法律があります。

42

# 分数のわり算ってどういうこと？

分数のわり算ってどういう意味かわかりますか〜？

わからないや…。

じゃあ，整数のわり算，たとえば $6 \div 2 = 3$ はどういう意味ですか？

それはわかるよ…。たとえば，こういうことじゃない…？

6個のドーナツを2個ずつに分ける。

3人に分けられる。

6個のドーナツを2個ずつ分けたら，3人に分けられる。

そういうことですね〜。では $6 \div \dfrac{1}{2} = 12$ は？

これもドーナツでやってみよう…。

44

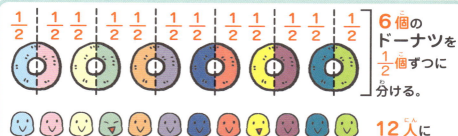

よくできました〜。じゃあ，最後に $6 \div \frac{2}{3} = 9$ は説明できますか？

そうです〜！「分数のわり算は，わる数の分母と分子を入れかえてかける」と覚えておくのも大切ですが，こうやって具体的にイメージしてみるのもおもしろいですよ〜。

2章 いろいろな見方ができる数字

# 「10% ポイント還元」と「10% 割引」 ①

「10% ポイント還元」と「10% 割引」は，似ているようでちがうぞい。

※ 3000円の10％は300円です。

3000円のゲームソフト

「10% ポイント還元」だと…

「10% 割引」だと…

 +

必要なお金
3000円

300円分のポイントがもらえる

必要なお金
2700円（10% 割引＝300円引き）

今，5人で2700円しかない！

なぜだ!?

同じ300円得なのに！

10％還元だと買えない！

うそだろ!?

そうなのじゃ…。ポイントは，次の買い物のときに使えるものなのじゃ！

# 「10%ポイント還元」と「10%割引」 ❷

> ポイントは，使えるお店が決まっておるのじゃ。
> しかも使える期間が決まっていることもあるぞ。

### ● 3000円買ったときのポイント300円分

 →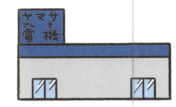

ポイント300円分　　　　　決まったお店でしか使えない。
（1年間だけ使える）

「そっかぁ。
じゃあ，またくるお店
じゃないと意味ないね。」

### ● 3000円から10%割引された300円

 →

どこのお店でも使える。
（貯金でもOK）

### 今回のまとめ

「ポイント還元」と「割引」はちがうので，
よく考えて利用するのじゃ！

## 当たりの出やすい店はあるの？

「当たりの出やすい店」というのは，本当にあるのじゃろうか？ 考えてみよう。

### 「ショッピングモール」と「商店街のお店」で比べてみる

|  | ショッピングモール | 商店街のお店 |
|---|---|---|
| 売れた本数 | 300本 | 60本 |
| 当たりの数 | 10本（はずれ290本） | 2本（はずれ58本） |
| 当たりの割合 | **30本のうち1本** | **30本のうち1本** |

同じ

じゃあ当たりやすい店があるというのは…？

ヨウジくんが言っていた…

そっか。当たりが多くなるとはずれも多くなるのか。

「うそ」じゃよ。ヨウジくんが3本当たったのはたまたまじゃ。

### 今回のまとめ

どのお店も当たりの割合はいっしょじゃよ。
当たりの出やすい店というのはないのじゃ。

# ごろ合わせになっている記念日

このようなごろ合わせには，数字のいくつかの読み方が使われているのですよ〜。

| 一 | 二 | 三 | 四 | 五 | 六 | 七 | 八 | 九 | 十 |
|---|---|---|---|---|---|---|---|---|---|
| いち（いつ） | に | さん | し | ご | ろく | しち | はち | く（きゅう） | じゅう（じっ） |
| ひ（ひと） | ふ（ふた） | み（みっ） | よ（よっ）（よん） | いつ | む（むい）（むっ） | なな（なの） | や（やっ）（よう） | ここの | とお（と） |

ひふみ…は，あまりなじみのない読み方だゾ。

下はごろ合わせの記念日の例ですよ〜。

**3月8日** みつばちの日

**4月19日** 良いきゅうりの日

**5月8日** ゴーヤーの日

**6月9日** ロックの日（家のかぎを見直す日）

**7月10日** 納豆の日

**8月29日** 焼肉の日

**11月22日** いい夫婦の日

**毎月23日** ふみの日

2章 いろいろな見方ができる数字

## 平均貯金額のカラクリ

次の場合を見てみよう。5人の貯金は次の通りじゃ。

2100円　2100円　2100円　2100円　1600円

● 平均貯金額は…

2100円＋2100円＋2100円＋2100円＋1600円
＝10000円

10000円÷5人＝**2000円**

うん。そんなもんだよね。

じゃあ，次の場合はどうかな？

250円　250円　250円　250円　9000円

● 平均貯金額は…

250円＋250円＋250円＋250円＋9000円
＝10000円

10000円÷5人＝**2000円**

5人中4人が250円なのに2000円…!?

**今回のまとめ**

「平均」というと，みんな同じくらいの数字と思いがちじゃが，そうではないこともある。
だまされないように気をつけるのじゃ！

## ミリオンセラーってすごいの？

日本の人口
約 1 億 3000 万人
(2016年)（総務省「人口推計」）

のうち → CD を買った人
100 万人

$$\frac{100万人}{約1億3000万人} = 約\frac{1}{130}$$

日本で約 130 人に 1 人が CD を買ったことになる。

そんなもんか？

130 人に 1 人かあ…。

うちの学校の学年に 1 人くらい買ってることになるんだね。

意外と少ないです

こうやって考えるとすごいじゃろ？

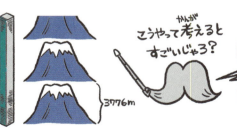

ちなみに 100 万枚の CD を積み上げると富士山約 2.6 個分の高さになるのじゃ。

1 cm × 100 万枚 = 10000 m

### 今回のまとめ

大きな数字がどのくらいなのかピンとこないときには，「日本の何人に 1 人？」などと計算して，実感できる数字にしてみるのじゃ。

62

きな 数

「1」から「無量大数」まで、単位の呼び方を見ていくぞ！

恒河（インドのガンジス川）にある砂という意味。

恒河沙
10000000000000000000000000000000000000000000000000000
（0が52個）

極
1000000000000000000000000000000000000000000000000
（0が48個）

載
10000000000000000000000000000000000000000000000
（0が44個）

溝
100000000000000000000000000000000
（0が32個）

澗
1000000000000000000000000000000000000
（0が36個）

正
10000000000000000000000000000000000000000
（0が40個）

百
100
（0が2個）

十
10
（0が1個）

一
レッツゴー！
1

0000000000000000000000000000000000000000000000000000000000000000000

…穣  …杼  …垓  …京  …兆  …億  …万  …一

「無量大数」は0が68個も並ぶ数字じゃ！

64

「無量大数」より先は名前がないだけで，数字はどこまでも続くゾ！

## 大

| 無量大数 | 不可思議 | 那由他 | 阿僧祇 |
|---|---|---|---|
| 10000000000000000000000000000000000000000000000000000000000000000000 | 10000000000000000000000000000000000000000000000000000000000000000 | 100000000000000000000000000000000000000000000000000000000000 | 100000000000000000000000000000000000000000000000000000000 |
| （0が68個） | （0が64個） | （0が60個） | （0が56個） |

仏教の言葉で，数えることができないほどの大きな数という意味。

| 京 | 垓 | 秭 | 穣 |
|---|---|---|---|
| 10000000000000000 | 100000000000000000000 | 1000000000000000000000000 | 10000000000000000000000000000 |
| （0が16個） | （0が20個） | （0が24個） | （0が28個） |

太陽と地球のきょりは，149600000000m（1496億m）

| 兆 | 億 | 万 | 千 |
|---|---|---|---|
| 1000000000000 | 100000000 | 10000 | 1000 |
| （0が12個） | （0が8個） | （0が4個） | （0が3個） |

100000000000000000000000000000000000000000000000000000000000000000000

無量大数　不可思議　那由他　阿僧祇　恒河沙　極　載　正　澗

1より小さい数字は，0の後ろに小数点をつけ，「0.1」「0.01」などと表すのじゃ！

糸
0.0001
（第4位まで）

忽
0.00001
（第5位まで）

微
0.000001
（第6位まで）

繊
0.0000001
（第7位まで）

血液中の赤血球の大きさは，約7毛mm（0.007mm）

渺
0.0000000001
（第11位まで）

埃
0.000000001
（第10位まで）

塵
0.00000001
（第9位まで）

沙
0.0000001
（第8位まで）

刹那
0.000000000000000001
（第18位まで）

六徳
0.0000000000000000001
（第19位まで）

虚空
0.00000000000000000001
（第20位まで）

清浄
0.000000000000000000001
（第21位まで）

| 0 | 0 | 0 | 0 | 0 | 0 | 0 | 0 | 0 | 0 | 0 | 1 |
|---|---|---|---|---|---|---|---|---|---|---|---|
| 塵 | 埃 | 渺 | 漠 | 模糊 | 逡巡 | 須臾 | 瞬息 | 弾指 | 刹那 | 六徳 | 虚空 清浄 |

※ 虚空・清浄は，虚・空・清・浄（小数点以下第20・21・22・23位までの数）と表す場合もあります。
また，阿頼耶・阿摩羅・涅槃寂静で小数点以下第22・23・24位までの数を表す場合もあります。

| 分 | 厘 | 毛 |
|---|---|---|
| 0.1 | 0.01 | 0.001 |
| 小数点以下（第1位まで） | （第2位まで） | （第3位まで） |

スギの花粉の大きさは、約3～4厘mm（0.03～0.04mm）

| 逡巡 | 模糊 | 漠 |
|---|---|---|
| 0.00000000001 | 0.0000000001 | 0.000000001 |
| （第14位まで） | （第13位まで） | （第12位まで） |

| 須臾 | 瞬息 | 弾指 |
|---|---|---|
| 0.000000000000001 | 0.00000000000001 | 0.0000000000001 |
| （第15位まで） | （第16位まで） | （第17位まで） |

最近よく耳にする「ナノ」は「塵」のことだゾ。

0．0 0 0 0 0 0 0 0 0
　　分 厘 毛 糸 忽 微 繊 沙

2章 いろいろな見方ができる数字

# 食べたいものの順位をつけて比べてみよう

みんなの意見をまとめてみるとこうなるのう。
何かおかしいことに気づかんか？

| 名前 \ 食べたいもの | とんかつ | カレー | 焼肉 |
|---|---|---|---|
| 一郎 | 2位 | 1位 | 3位 |
| 二之 | 2位 | 1位 | 3位 |
| 三平 | 2位 | 3位 | 1位 |
| 健四郎 | 1位 | 3位 | 2位 |
| 大五 | 2位 | 1位 | 3位 |
| ヨウジ | 2位 | 3位 | 1位 |
| ナナミ | 1位 | 3位 | 2位 |

- いちばん食べたいもの1位は、「カレー」
  1位の数が… とんかつ：2， カレー：3， 焼肉：2

- いちばん食べたくないもの1位は、「カレー」
  3位の数が… とんかつ：0， カレー：4， 焼肉：3

フォッフォッ。
ふしぎなことがおこったのう。
いちばん食べたいのもカレー，
いちばん食べたくないのも
カレーになっとる。

な…
なんで…？？

2章 いろいろな見方ができる数字

## とんかつとカレーの2つで比べると…

今度は、2位が多かったとんかつとカレーで比べてみるのじゃ。

| 食べたいもの　名前 | とんかつ | カレー | 焼肉 |
|---|---|---|---|
| 一郎 | 2位 < | ①位 | 3位 |
| 二之 | 2位 < | ①位 | 3位 |
| 三平 | ②位 > | 3位 | 1位 |
| 健四郎 | ①位 > | 3位 | 2位 |
| 大五 | 2位 < | ①位 | 3位 |
| ヨウジ | ②位 > | 3位 | 1位 |
| ナナミ | ①位 > | 3位 | 2位 |

4対3でとんかつの勝ちーっ！

おめでとう

### 今回のまとめ

多数決の方法で結果がいろいろと変わることもある。多数決でみんなの意見をなるべくとり入れるのは難しいのじゃ。

みんなの意見をできるだけとり入れると、とんかつになるのね！

フォッフォッ！

やったわ！

そういう結果になったのう！

2章 いろいろな見方ができる数字

# 数字マジック❶
# 誕生日を当てる

あなたの誕生日をズバリ言い当ててみせましょう！

ホントにぃ〜？

あなたの誕生日を思いうかべてください。

6月30日

❶ ではまず、誕生日の「月」の数字に 4 をかけます。

6 × 4 = 24

❷ その数字に 9 をたして…

24 + 9 = 33

❸ そして、25 をかけます。

電卓を使ってもいいですよー

33 × 25 = 825

74

## マジックのたねあかし

❶～❺でやっている計算をまとめるとこうなります。

{( 誕生日の月 ×4 ) + 9 }×25+ 誕生日の日 −225
     ❶         ❷    ❸      ❹     ❺

実は，❺で225をひいていたんですよ～！

この式をもう少しわかりやすくすると…

=( 誕生日の月 ×4 )×25+9×25+ 誕生日の日 −225

❷で9をたしたのは，マジックに見えるようにするトリックだゾ！

9×25＝225。この部分がいらない数字なので，0になるよう❺で225をひいていたんです～！

さらにこの式をわかりやすくすると…

= 誕生日の月 ×100+ 誕生日の日

たとえば，計算結果が630なら誕生日は6月30日，1108と出たら誕生日は11月8日ということだヨ。

❶～❺の計算の答えを，右のようにしたかったんですよ～。

630
誕生日の月 誕生日の日

# 3章 感じ方がちがう数字

## 同じ150円なのに…？

## 同じ値段なのにお得に感じてしまうのは？

同じ150円のアイスでも，「半額で150円」のほうがお買い得に感じるのう。

300円のところ150円

150円

アイスA

アイスB

Aのほうがお得に思えるなぁ…。

通常の300円という値段が基準になるからのう。

### 今回のまとめ

はらう金額は同じでも，元の値段よりも安くなっているもののほうが安く感じてしまうのじゃ！

## 同じ数字でも感じ方がちがう

貯金 500円

500円**しかない**…。 / しんちょうな人

500円**もある**！ / だいたんな人

サッカーの試合
残り5分 0-1で負けている

あと5分**しかない**…。 / 後ろ向きな人

あと5分**もある**！ / 前向きな人

### 今回のまとめ

同じ数字でもとらえ方によって，受ける印象が変わるんじゃよ。どちらがよいかは，場合によるぞ！

やっぱりがまんしてもうちょっと貯金しよう！

そうだよ…。

いい心がけじゃ！

3章 感じ方がちがう数字

 # 数字が出てくる ことわざ

## 一を聞いて十を知る

話の一部を聞くだけで、全部を理解できるほどとてもかしこいことじゃよ。

そんな人になりたいもんですね〜。

## 二足のわらじをはく

1人で、2種類のちがう仕事をすることじゃ。

1つだけでも大変なのにね〜。

## 三度目の正直

1回目、2回目は失敗したりしてあてにならないもんじゃが、3回目はうまくいくことじゃよ。

経験あります〜。3回目はうまくいくもんですね〜。

## 三人寄ればもんじゅの知恵

5人集まっても何もうかばない…。

3人集まって相談すれば，よい考えがうかぶということじゃよ。

もんじゅ（文殊）というのは，知恵をつかさどる，ぼさつのことらしいですよ〜。

## ももくり三年かき八年

というわけで，長い目で見てやってください！

ももとくりは芽が出て実がなるまでに3年，かきは8年もかかるのじゃ。

何かをなしとげるには，それなりの年月が必要ということですね〜。

## 五十歩百歩

ぼくは47点だったんで長い目で見てやってください！

どちらも，似たりよったりという意味じゃ。よくないことに使われることが多いぞ。

「50歩にげるのも100歩にげるのも，にげたということに変わりはない」という話から来てるんですね〜。

3章 感じ方がちがう数字

3章 感じ方がちがう数字

# グラフのたてじくに注意

グラフのたてじくをよく見てみるんじゃ。45〜60点のせまい範囲でかかれておるじゃろ。

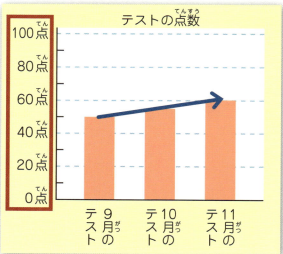

# グラフの横じくに注意

今度は，横じくをもっと広げてみるぞ。都合のいいところだけ切り取っていることもあるのじゃ。

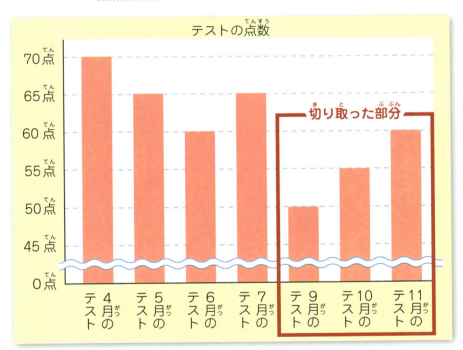

# こんなグラフにも注意

他にも、下のようなアンケート結果をまとめたAとB、2つのグラフについてどう思うかの？

## 『犬の野望ハンター』のゲームソフトを持っていますか？

**5つ子の友だちの小学生6人に聞きました**

A
- 持っていない 50%
- 持っている 50%

**5つ子の通う小学校の児童全員540人に聞きました**

B
- 持っている 20%
- 持っていない 80%

> ぱっと見、AのほうがBよりも持っている人が多く見えるけど、アンケートをとった人数が全然ちがうんだ！

持ってる人…Aはたったの3人、Bは108人！?

ぼくも持ってるよー

### 今回のまとめ

グラフはぱっと見の印象を、うのみにしてはいけないぞ。細かいところまでよく見て、考えるのじゃ。

# リーグ戦とトーナメント戦の試合数

さぁ～！ 今回の野球大会の対戦表であります！
いったい何試合するのでありましょうか！

|  | プカプカズ | ドラヤキズ | ストローズ | ポークス |
|---|---|---|---|---|
| プカプカズ |  | ① | ② | ③ |
| ドラヤキズ | ① |  | ④ | ⑤ |
| ストローズ | ② | ④ |  | ⑥ |
| ポークス | ③ | ⑤ | ⑥ |  |

全部で4チームなので，1チームにつき3試合ですね。全体だと何試合ですかね？

3試合 × 4チーム = 12試合
12試合 ÷ 2 = **6試合**

全体だと6試合じゃの。4チームが各3チームと試合すると考えれば12試合じゃが，上の表を見たらわかるように，同じ組み合わせの対戦がだぶっているので，2でわるのじゃ。

このように各チームと1試合ずつ対戦する方式を，「リーグ戦」と言うんですね～。

試合に勝ったチームが，次の試合に勝ち上がる対戦方式もありますよ〜。

それはいわゆる「トーナメント戦」ですね？

おぬしたちの野球大会をトーナメント戦にしたら，全体の試合数がどうなるか見てみよう。

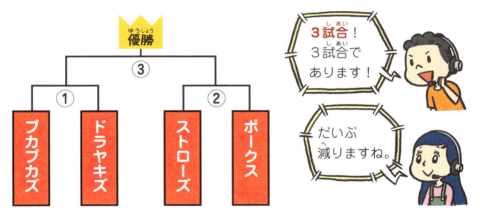

3試合！3試合であります！

だいぶ減りますね。

そうじゃ。トーナメント戦は，リーグ戦に比べて試合数が少ない方式じゃ。高校野球の夏の甲子園のように，たくさんのチームが対戦するときに用いられることが多いのじゃ。

もし高校野球で，49チームのリーグ戦をしたら…

48試合 × 49チーム = 2352試合　← 49チームが各48試合
2352試合 ÷ 2 = **1176試合**　← 同じチームの対戦があるので2でわる。

リーグ戦だと1176試合！ トーナメント戦だと48試合ですむんですね〜。

3章 感じ方がちがう数字

# 出てくる数字

**バッター** 難波大五

| 打率 | .300 | 本 | 30 | 点 | 100 |

ホームラン　打点

### 打率

打ったヒットの数を打数でわった率だヨ。たとえば，10打数のうち3回ヒットを打ったら，打率は「.300（3割）」になるんだヨ。プロ野球で3割打つ選手は，一流と言われるヨ。

### 球速

ピッチャーの投げるボールの速度を表した数字だゾ。時速150ｋｍだと，高速道路を走る自動車よりもずっと速いゾ。

150km

3ウラ
D 0
P 3

B
S
O

96

# 野球

### 防御率

1試合（9イニング）で取られた点数の平均を表した数字だゾ。たとえば、9イニング投げて3点取られたら、防御率は「3.00」になるゾ。先発ピッチャーが6イニング以上投げて3点以内におさえたら上出来だゾ。

**ピッチャー** 難波一郎
防御率 3.00

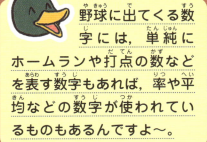

野球に出てくる数字には、単純にホームランや打点の数などを表す数字もあれば、率や平均などの数字が使われているものもあるんですよ～。

3章 感じ方がちがう数字

## はんぱな値段がつけてあることが多いのはなぜ？

「98円」など，はんぱな値段が多いのはなぜか見ていくぞ！

●ノート

1冊 **100**円　→　1冊 **98**円
　　↑　　　　　　　↑
　3けたの数　　　　2けたの数

➡ 98円のほうが，すごく安く感じる。

●えんぴつ，消しゴム

1本 **50**円　1個 **80**円　　　1本 **48**円　1個 **78**円
　　↑　　　　　↑　　　　　　　　↑　　　　　↑
いちばん左の数字が 5　8　　　いちばん左の数字が 4　7

➡ 48円，78円のほうが，すごく安く感じる。

**今回のまとめ**
けたの数や，先頭の数字が小さくなると，ぱっと見，すごく安く感じるのじゃ。まどわされないように！

# 値段の感じ方

ふでばこもシールブックも同じ500円じゃが、ほしいかどうかで感じ方がちがうのじゃ。

**MIKEのふでばこ**

高い！
ほしくない人

安い！
ほしい人

**シールブック**

高い！
ほしくない人

安い！
ほしい人

### 今回のまとめ

同じ値段のものでも、「高い」と感じるか「安い」と感じるかは人によってちがうぞ。人それぞれということじゃのう。

# 数字マジック❷
# 好きな数字を当てる

今回は電卓を使ったマジックです！ナナミちゃんの好きな数字を当てちゃいますよーっ♪

あ カモに当てられるかしら？

ホントにぃ〜？

**①** 電卓に，「**12345679**」と，8をとばした数を打ちこんでください。

8はとばして…

こうでいいのね！

ポチ

**②** 「**×**」をおして，今度は好きな1けたの数字をおしてください。

好きな数字は口に出さないでくださいね！

やっぱりここはナナミちゃんの7ね！

ポチ

106

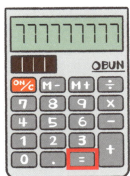

## マジックの たねあかし

❶〜❹でやっている計算をまとめるとこうなります。

12345679 × 好きな数字 × 9
＝12345679 × 9 × 好きな数字
　　⬇ ここがポイント
＝111111111 × 好きな数字

かけ算は順番を入れかえてもＯＫだゾ！

 1が9けた並んだ数字に，1けたの好きな数字をかけていたから，好きな数字が9けた並んだ数になったんですよ〜。

## 「ついでに」買ってしまいがち

● 200円のタイヤだけを買うとき

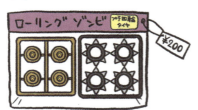

うーん…、ちょっと高いかな…。がまんしよう。

● 2500円のプチ四輪を買う「ついでに」200円のタイヤを買うとき

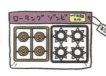

200円だし！まあ、ついでに買っちゃおう！

フシギ！同じ200円なのに！

2500円に比べて200円は安いので、あまり気にならなくなってしまうのじゃ！

### 今回のまとめ

高いものを買うときは，安いものもいっしょに買ってしまいがちじゃ。冷静になってよく考えて，むだづかいをしないようにするのじゃ！

## 単位を確認して比べよう

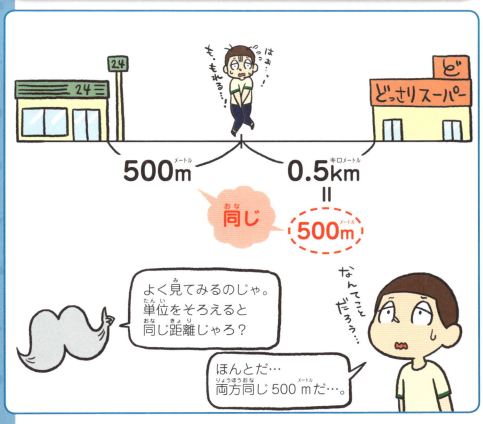

## 単位が変わると数字が変わる

距離以外に，重さなど，その他のものも単位を変えると数字が変わるのじゃ。

**体重**

**ジュースのビタミンCの量**

150kg = 0.15t　　1000mg = 1g

同じ重さや量でも単位が変わると数字も変わるねー。

数字が変わると印象も変わるのう。

### 今回のまとめ

数字だけを見て，「大きい」，「小さい」と判断せずに，単位もきちんと確認するのじゃ！

115　3章 感じ方がちがう数字

 # 数字が出てくる四字熟語 ❶

基礎編だゾ。

## 一石二鳥

1つのことをして，2つの利益を得ることじゃ。

1つの石を投げて，同時に2羽の鳥を落とすという意味からできた言葉ですね〜。

ウォーキングしたら健康にもいいし，ダイエットにもなるわよね♥

## 二人三脚

パパとママは二人三脚で5つ子たちを育ててます♥

2人が協力し，助け合って物事を行うことじゃ。

2人が肩を組んで，内側の足首を結び，3本の足のようにして走る競技からできた言葉ですね〜。

## 三日坊主

すぐにあきてしまって、何をしても長続きしないことじゃ。

たった3日であきてしまうんですね〜。

母さんのダイエットだね…。

ウォーキングは？

## 四六時中

1日（24時間）中、いつもという意味じゃ。

4×6＝24、つまり、24時間ずっとっていうことですね〜。

健四郎が1日で考えていること

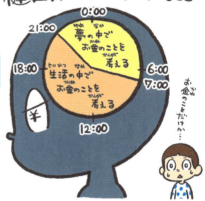

## 十人十色

10人いたら10人とも、それぞれ性格や考え方がちがうということじゃ。

そりゃそうですよね〜。

## 数字が出てくる四字熟語❷

少し難しいゾ。知ってるかな？

### 三寒四温

冬に3日寒い日が続いて，4日暖かい日が続くことじゃ。

このくり返しでだんだん暖かくなるんです～。

### 海千山千

長い年月にさまざまな経験を積んで，世の中の表も裏も知り尽くした，したたかな人をさすんじゃ。

海に千年，山に千年すみついたヘビは，竜になるという言い伝えから生まれた言葉だそうですよ～。

### 波乱万丈

次々と事件が起こり，変化がはげしいことをさすんじゃ。

「丈」は長さの単位で3ｍぐらいなんですよ～。「波瀾万丈」と書いてもいいですよ～。

波乱万丈の人生じゃった…。

# 4章 数字を使ってみよう

# 数字を使ってきちんと伝えよう

## 会話に数字を使ってみよう

さっきの電話の会話に、数字を使ってみるぞ！

あ、ママかい？
今日は、魚が5匹つれたよー！
　　　　　　たくさん
家に着くのが午後9時くらいだからおそく
　　　　　　　ちょっと
なっちゃうけど今から帰るね♥

なるほど！
こう言われてたら
お母さんもかんちがい
せずにすんだのか！

ぼくたちも
腹ペコで
待たなくて
すんだんだね。

### 今回のまとめ

会話に数字を使うと、あいまいな説明がなくなり、聞いた人がまちがって理解することがないのじゃ。

## 表を使って数字を見やすくしよう

数字を使って説明するのはいいんじゃが、文だけで伝えようとすると、わかりにくいこともあるんじゃ。

● スイカの種の観察
　まいた種……………………20個
　芽が出た種…………………18個

| 日 | 芽が出た数 |
|---|---|
| 11日目 | 1個 |
| 12日目 | 1個 |
| 13日目 | 4個 |
| 14日目 | 5個 |
| 15日目 | 4個 |
| 16日目 | 2個 |
| 17日目 | 1個 |

おお！　表だとわかりやすい！

文だけよりも変化がわかりやすい！

スバラシィ！

表と合わせていろいろなグラフで見せるのもわかりやすくするひけつじゃ。

ペロペロペロ〜ン♪

# グラフを使って数字を見やすくしよう

## ●表にまとめたものをグラフにしてみる

| 日 | 芽が出た数 |
|---|---|
| 11日目 | 1個 |
| 12日目 | 1個 |
| 13日目 | 4個 |
| 14日目 | 5個 |
| 15日目 | 4個 |
| 16日目 | 2個 |
| 17日目 | 1個 |

ぼうグラフにすると

ぱっと見で，わかりやすいじゃろ。

## ●いろいろなグラフ

### ぼうグラフ

数字の大小を見せたいとき。曜日ごとの交通量など。

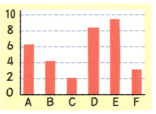

### 円グラフ

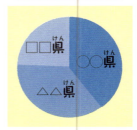

全体に対する各項目の割合を見せたいとき。作物の主な生産地の割合など。

### 折れ線グラフ

変化をわかりやすく見せたいとき。毎日の気温の変化など。

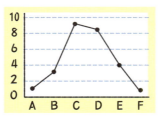

**今回のまとめ**　数字の大きさなどは，表やグラフを使ってデータを整理すると，見やすくわかりやすくなるのじゃ。

# 美しく見える黄金比

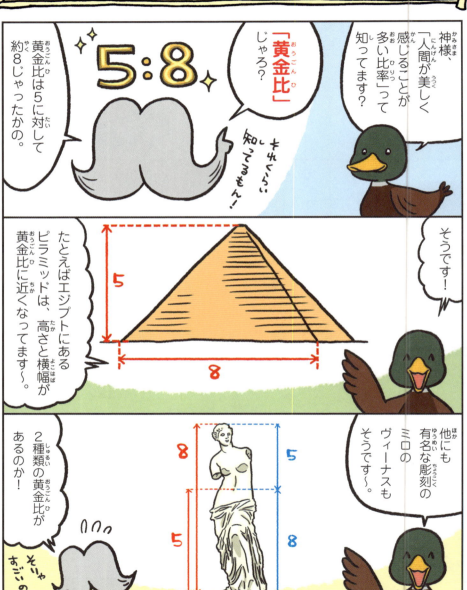

身近なものにも黄金比に近いものがあるんですよ〜。

### 携帯音楽プレーヤー

8
5

### ゲーム機の画面

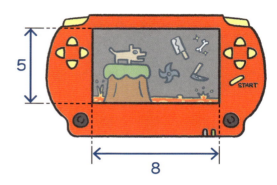

5
8

### 交通系ICカード・銀行のカード

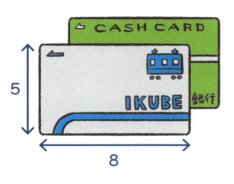

5
8

### ジュースの缶

8
5

たてと横が同じような比率になっておるのじゃな。きれいな形じゃのう。

ゲーム機の機種や缶の大きさのちがいなどで，黄金比に合わないものもありますよ〜。

# 数字で表して対策を立てよう

## ❶目標に何点足りないか確認する

今回

目標

目標に **5点** 足りない。

こうすると次のテストで「5点アップして10点とるぞ！」という目標ができるじゃろ？

そうだね。

## ❷今回どんなまちがいをしたのか確認する

| まちがいの種類 | 数 |
|---|---|
| 読み | 1問 |
| 書きとり | 3問 |
| うっかりミス | 1問 |

なるほどね！

ふむふむ、書きとりのまちがいが3問でいちばん多かったのか。

## ❸まちがいの種類の数が多かった問題の対策をする

**今回のまとめ**

目標を数字にすると，何をどうすればいいのかがはっきりして，達成しやすくなるのじゃ！

 # ものさしがなくても長さは測れる

ものさしやメジャーがないときは長さを測れなくてこまるのう…。

そんなときでも測れる方法があるんですよ〜。

まかせてください！

## うでを広げた長さ

両方のうでを横いっぱいに広げた長さは，だいたい自分の身長と同じなんですよ〜。

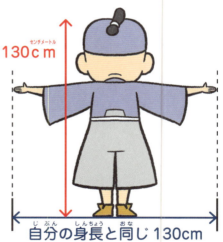

130cm

自分の身長と同じ 130cm

## 指を広げた長さ

自分の指を広げたときの長さを知っておくと便利ですよ〜。

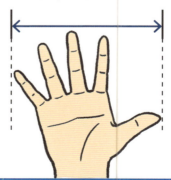

134

あと，身近なものも，ものさしがわりにできるんですよ～。

## お金の大きさ

2cm

穴の直径が5mm

お金でも測れるのか！
さすがお金ね！

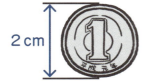

千円札2枚で
30cmも測れるね♪

← 15cm →

## はがきの大きさ

絵はがきなどはちがうものもあるぞぃ！

覚えておくと便利じゃの♪

覚えとこー！

← 10cm →

# 数を推定してみよう

## ファンの数を推定してみよう

正確な人数を知ることは無理じゃが、およその人数を推定することはできるぞ！ 推定とは、はっきりわからないことを、事実を元に考えることじゃ。

### 日本の小学生の数
約 650 万人
（2016年度）（文部科学省資料）

### 小学生のファンの数
1クラス（25人）あたり 2人とする

約650万人 ÷ 25人 = 約260000クラス　←日本全体の小学校のクラスの数

2人 × 約260000クラス = 約520000人　　約52万人

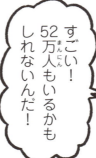

すごい！ 52万人もいるかもしれないんだ！

小学生の数など、わからないことは、おうちの人にインターネットで調べてもらおう！

4章 数字を使ってみよう

## 他にもこんな数を推定してみよう

「今，自分と同じことをしているのは，日本に何人いるのかなー」などと考えたことはないか？

大五のこんなつぶやきも推定できるぞ！

日本で何人くらい今トイレにいるのかな？

森のおじいさんもトイレに行くのかな？

### ● 1日あたりのトイレのおよその時間…

1回に2分・5回程度。きりのいい数字で1日10分とする。
1日を分にすると，60分×24時間＝1440分。

$$1億3000万人 \times \frac{10分}{1440分}$$

日本の人口
（2016年）（総務省「人口推計」）

トイレにいる割合

＝ 902777.777…

日本では今，約90万人がトイレにいると推定できる。

**今回のまとめ**　数を推定するくせをつけると，具体的にイメージしやすくなり，豊かな発想ができるようになるのじゃ。

# たくさんの人出はどうやって数えているの？

今年の○○神社の初詣は**約10万人**の人出でにぎわいました。

1人1人数えたのかな…？大変そう…。

どうやって数えてるんだろう？

野球の試合とかだとチケットを数えてるんだろうけど。

初詣，お祭り，花火大会などのニュースでよく人数が発表されとるのう。

はい〜。こんなときは1人ずつ数えるのは難しいので，だいたいの人数を計算でもとめていることが多いんですよ〜。

140

計算の仕方はいろいろあるのですが，一例を紹介しますね。
こんな計算をしているんですよ〜。

❶ 混んでいるときの
　1 m²（平方メートル）当たり
　にいる人数…10人とする

❷ 神社の面積…2000 m²
　10人 × 2000 m²
　= 20000人

❸ 混んでいる時間帯
　…11時から4時のおよそ5時間とする。
　来ている人のお参りの時間がおよそ1時間とすると，
　5時間で5回，全体の人が入れかわる。

　20000人 × 5 ＝ およそ 100000人